Pebble Bilingual Books

El ciclo del agua/ The Water Cycle

de/by
Helen Frost

Pebble Bilingual Books are published by Capstone Press
151 Good Counsel Drive, P.O. Box 669, Mankato, Minnesota 56002
http://www.capstone-press.com

1 2 3 4 5 6 08 07 06 05 04 03

Library of Congress Cataloging-in-Publication Data
Frost, Helen, 1949–
[Water cycle. Spanish & English]
El ciclo del agua / de Helen Frost; traduccíon, Martín Luis Guzmán Ferrer = The water cycle /
by Helen Frost; translation, Martín Luis Guzmán Ferrer.
p. cm.—(Pebble Bilingual Books)
Text in Spanish and English.
Summary: Simple text and photographs describe the stages of the water cycle.
ISBN 0-7368-2314-X (hardcover)
1. Hydrologic cycle—Juvenile literature. [1. Hydrologic cycle. 2. Spanish language materials—
Bilingual.] I. Title: Water Cycle. II. Title.
GB848 .F7618 2004
551.48—dc21   2002156343

Editorial Credits
Mari C. Schuh, Martha E. H. Rustad, and Kay M. Olson, editors; Timothy Halldin, cover
designer; Linda Clavel, illustrator; Patrick Dentinger, cover production designer; Kimberly
Danger, photo researcher; María Fiol, Spanish copy editor; Gail Saunders-Smith, consulting
editor; Carolyn M. Tucker, Water Education Specialist, California Department of Water
Resources, reviewer

Photo Credits
ColePhoto/Mark E. Gibson, 10; David and Tess Young/TOM STACK & ASSOCIATES, 8; David F.
Clobes, 1; Index Stock Imagery, cover; International Stock/Victor Ramos, 6; Photri-Microstock, 20;
Photri-Microstock/Kenneth Martin, 12; Fotopic, 16; Robert McCaw, 14; Unicorn Stock Photos/H.
H. Thomas, 18

Special thanks to Isabel Schon, Ph.D., director of the Barahona Center for the Study of Books
in Spanish for Children and Adolescents, San Marcos, California, for her assistance in preparing
the Spanish portion of this book.

Table of Contents

Contenido

Water moves and changes
in the water cycle. A
cycle has no beginning
and no end.

El agua se mueve y cambia
en el ciclo del agua. Un
ciclo no tiene ni un principio
ni fin.

Some water is in oceans, lakes, and rivers. Some water is underground.

Parte del agua está en los mares, los lagos y los ríos. Parte del agua está bajo la tierra.

The sun heats water.
Heat changes water from
a liquid into a vapor.
This action is evaporation.

El sol calienta el agua.
El calor cambia el agua
de líquido a vapor.
Esto se llama evaporación.

Water vapor rises into
the air. Water vapor is
a gas you cannot see.

El vapor de agua sube por
el aire. El vapor de agua es
un gas que tú no puedes ver.

Water vapor cools as it rises. The water vapor turns back into a liquid. This action is condensation.

El vapor de agua se enfría al subir. El vapor de agua vuelve a convertirse en líquido. Esto se llama condensación.

Condensation can form clouds. Clouds are dust and tiny drops of water.

La condensación puede formar nubes. Las nubes son de polvo y gotitas de agua.

Water from clouds can
fall to the ground as
precipitation. Rain
and snow are two
kinds of precipitation.

El agua de las nubes puede
caer sobre la tierra como
precipitación. La lluvia
y la nieve son dos
tipos de precipitación.

18

Some precipitation soaks into the ground. Some precipitation falls into oceans, lakes, and rivers.

Parte de la precipitación empapa la tierra. Parte de la precipitación cae en los mares, los lagos y los ríos.

Water moves from the ground to the air. The water falls back to the ground in a different place. The water cycle goes on forever.

El agua se mueve de la tierra al aire. Después el agua vuelve a caer sobre la tierra, pero en un lugar diferente. El ciclo del agua dura para siempre.

condensation—the action of turning from a gas into a liquid; water vapor turns into liquid water when it condenses.

cycle—something that happens over and over again; water changes its form over and over again in the water cycle; the same amount of water is always moving and changing in the water cycle.

evaporation—the action of a liquid changing into a gas; heat causes water to evaporate.

precipitation—water that falls from clouds; precipitation can be rain, hail, sleet, or snow.

soak—to wet thoroughly; some precipitation soaks into the ground.

water vapor—water in the form of a gas; water vapor is tiny drops of water that cannot be seen.

Glosario

condensación *(la)*—la acción de pasar de gas a líquido; el vapor de agua se convierte en agua líquida cuando se condensa.

ciclo *(el)*—algo que sucede una y otra vez; el agua cambia su forma una y otra vez en el ciclo del agua; la misma cantidad de agua siempre se mueve y cambia en el ciclo del agua.

evaporación *(la)*—la acción de un líquido al cambiar a gas; el calor hace que el agua se evapore.

precipitación *(la)*—el agua que cae de las nubes; la precipitación puede ser de lluvia, granizo, aguanieve o nieve.

empapar—mojar por completo; algunas precipitaciones empapan la tierra.

vapor de agua *(el)*—agua en la forma de gas; el vapor es de gotitas de agua que no pueden verse.

Index

Índice